ACADÉMIE DE MACON.

Séance du 22 novembre 1872.

# DISCOURS DE RÉCEPTION

DE M. HIPPOLYTE RÉTY.

# RÉPONSE

DE M. CH. PELLORCE,

Vice-Président.

MACON,
IMPRIMERIE D'ÉMILE PROTAT.

1873.

ACADÉMIE DE MACON.

Séance du 22 novembre 1872.

# DISCOURS DE RÉCEPTION
## DE M. HIPPOLYTE RÉTY.

## RÉPONSE
### DE M. CH. PELLORCE,
Vice-Président.

MACON,
IMPRIMERIE D'ÉMILE PROTAT.

1873.

# NOTICE HISTORIQUE

SUR

# CHORON ET SON ÉCOLE.

---

Messieurs,

J'ai doublement à vous remercier de m'avoir appelé au milieu de vous. Je vous remercie d'abord du témoignage d'estime et de sympathie dont je suis l'objet; ensuite, je dois me féliciter de l'honneur que vous savez accorder aux arts. En exaltant les arts, vous faites, Messieurs, une œuvre utile : vous vous montrez les intelligents propagateurs de l'une des choses qui contribuent le plus puissamment au perfectionnement moral de l'humanité. Laissez-moi vous en faire l'aveu : le jour où vous m'avez favorisé de vos suffrages, je me suis réjoui surtout à cette pensée, qui est aussi la vôtre.

L'art, selon l'acception sérieuse de ce mot et dans sa définition métaphysique, est l'expression, sous une forme sensible, du beau, du vrai, du grand. Dans l'ordre pratique, il atteint plus ou moins son but, selon le génie de l'artiste et suivant l'inspiration qui le domine.

La notion de l'art n'est pas nouvelle. Dieu, l'architecte des mondes, en a fourni, sans doute, la première idée dans les innombrables merveilles qu'il a répandues autour de nous.

Les peuples les plus reculés de l'histoire en avaient le sentiment. Les auteurs nous les représentent taillant dans le marbre et sur le bois des figures grossières dont ils faisaient leurs divinités. Plus tard, l'antiquité païenne en développa la culture et en goûta les charmes. Elle s'en servait pour garder la mémoire de ses héros, le souvenir de ses batailles et de ses victoires. Athènes et Rome ont eu leurs artistes comme elles ont eu leurs littérateurs. Le temps a respecté leurs noms, et ce qui nous reste de leurs œuvres suffit pour rendre hommage à des talents dont nul ne cherche à obscurcir la gloire.

Cependant, quel que soit le mérite de ces œuvres, elles révèlent à l'observateur attentif une lacune regrettable. Il semble qu'une main secrète ait marqué le point où l'inspiration dût s'arrêter. Dans ses conceptions les plus hardies, l'artiste n'a eu pour idéal que la beauté humaine, pour résultat que la satisfaction des sens.

Il était réservé au christianisme d'ouvrir à l'art des voies nouvelles. Le christianisme, ah! Messieurs, lui qui apportait la lumière à tout homme de bonne volonté, comment n'eût-il pas communiqué à l'art le souffle de son inspiration! Il l'a éclairé de son flambeau, animé de sa propre vie. Il n'a pas voulu qu'en souillant les imaginations il pût corrompre les mœurs; bien plus, il n'a pas permis qu'il s'abaissât à des frivolités. Il a regardé l'artiste avec affection, comme un enfant de lumière, afin qu'il pût, de concert avec lui, travailler à élever les âmes et à les rendre meilleures. Il l'a revêtu comme d'un sacerdoce; il en a fait, suivant l'expression d'un orateur célèbre, *le brillant éducateur de l'humanité.*

La religion avait inspiré les arts : en retour ils ont à l'envi célébré ses bienfaits. L'architecture lui a élevé des temples merveilleux; la sculpture, la peinture ont reproduit des images dans lesquelles, selon la pensée de M. de Chateaubriand, la nature humaine est transfigurée. La musique lui a prêté ses notes les plus expressives. Aucun hommage ne lui a manqué : le temple chrétien est devenu comme un asile de prédilection où tous les arts se sont donné la main, chacun reflétant à sa manière l'un des rayons de la beauté divine.

Le moyen âge surtout a montré l'art chrétien dans son épanouissement. Il a vu apparaître de nombreuses générations d'artistes en qui la noblesse de l'inspiration s'unissait aux plus admirables vertus. Personne n'ignore avec quelle ardeur et dans quelle mesure ils ont contribué à répandre la civilisation. Aucune bouche n'est digne de les glorifier. Leurs noms sont inscrits en lettres d'or au Panthéon de l'histoire et leurs chefs-d'œuvre demeurent comme un témoignage visible de leur incomparable génie.

Est-ce à dire cependant, Messieurs, que le moyen âge ait eu le privilége exclusif de semblables apparitions ? Loin de moi une telle pensée. Depuis cette époque, le monde a vu naître bien des artistes, et même de très-grands artistes. Quelques-uns, il faut l'avouer, ont eu la faiblesse de s'écarter de leur vraie voie en flattant les passions des hommes, mais beaucoup ont conservé intact et comme un précieux dépôt l'honneur de leur vocation.

Celui dont je veux rapidement devant vous esquisser la vie en offre un éclatant exemple. Peu d'hommes ont possédé un pareil génie. Il n'en est peut-être pas qui aient déployé autant de zèle et d'activité pour le triomphe d'une cause qui, après tout, était celle de la civilisation ; il n'en est peut-être pas non plus qui aient lutté davantage à chaque heure du jour contre les coups de la mauvaise fortune. Littérateur, mathématicien, philosophe, réunissant ces titres divers au degré le plus éminent, Choron se présente à nos regards étonnés comme la figure la plus noble, le type le plus achevé du véritable musicien.

Alexandre-Etienne Choron est né à Caen, le 21 octobre 1771. Son père, homme droit, mais sévère, avait surtout en partage cette intelligence qui consiste à diriger avec sagesse les choses de l'ordre matériel. Il avait la direction générale des fermes du roi en Normandie, et cette charge, indépendamment de ses résultats lucratifs, lui conférait une certaine puissance civile et judiciaire dans les limites de sa juridiction. Sa fortune était assez considérable : plus tard, il crut la rehausser en achetant des titres de noblesse. Il vivait, du reste, entouré de l'estime publique.

Le directeur des fermes du roi était trop fier de sa position, il attachait trop de prix aux bénéfices qu'elle lui procurait pour souhaiter à son fils une autre carrière. Cependant, comme il ne voulait pas le contrarier dans ses goûts, il rêvait pour lui les fonctions d'avocat s'il ne consentait point à lui succéder.

Mais bien différente était la disposition d'esprit d'Alexandre Choron. On peut prévoir combien des goûts aussi divers allaient, pour notre héros, devenir la source de difficultés nombreuses.

Mais n'anticipons pas sur les événements.

A sept ans, le jeune Choron entra au célèbre pensionnat de Juilly, dirigé par les Pères de l'Oratoire. Doué des facultés naturelles les plus heureuses, il étonna ses maîtres par la vivacité de son esprit, autant qu'il provoqua leur affection par la douceur de son caractère. Il se livrait au travail avec ardeur ; sa mémoire était étonnante, à ce point qu'il lui suffisait de lire un texte une seule fois pour le retenir à tout jamais. Il était simple, bon, aimable et d'une piété vive et sincère.

Bien que son esprit reçût avec promptitude toutes les connaissances qu'on lui enseignait, il s'adonna plus particulièrement à l'étude des langues. Pour lui, étudier la langue d'un peuple, c'était en pénétrer le génie, le caractère, les mœurs, la pensée intime. Ainsi, à un âge tendre encore, cette jeune intelligence s'ouvrait aux conceptions élevées. Avec cette finesse d'observation qui distingue les hommes d'élite, il établissait des comparaisons, des rapprochements, qui accroissaient le bénéfice de ses études. Il préludait comme à son insu à ce jeu de l'intelligence qui constitue l'artiste véritable.

A quinze ans ses études étaient terminées ; il rentra dans sa famille.

Là, une circonstance particulière dévoila son goût pour la musique. Alexandre Choron avait deux jeunes sœurs auxquelles on enseignait le clavecin. Bientôt un charme irrésistible l'enchaîna à cet instrument. On le vit, dès lors, écouter avec la plus vive attention les leçons du maître, et malgré la défense de son père, se rapprocher, comme par instinct, de l'instrument dont les moindres sons lui procuraient de si douces jouissances.

Plus d'une fois, on le surprit cherchant à reproduire sur le clavier les airs qu'il avait entendus ; plus d'une fois il dut subir les effets de la sévérité paternelle.

Le directeur des fermes ne vit pas sans alarmes ces trop sensibles dispositions pour la musique. Pour couper court à ces tendances artistiques, il résolut d'éloigner son fils et de le vouer à la carrière du droit.

Alexandre Choron partit donc pour Paris et entra en qualité de clerc chez le procureur Rohard. Les recommandations paternelles furent expresses. Le jeune étudiant ne devait appliquer son esprit qu'aux œuvres de la législation. Aucune étude étrangère et particulièrement nulle étude musicale ne devait l'en détourner. Rohard était sévère; il ne permit pas que son élève s'écartât de ces prescriptions. Pour comble d'infortune, Choron avait sa chambre dans la maison du procureur; même en dehors des heures de travail, il ne pouvait échapper à son regard. Mais la passion est ingénieuse.

Lorsqu'il obtenait le soir la faveur d'une sortie, il courait au théâtre : l'opéra avait naturellement ses préférences. Il écoutait avec transport les chefs-d'œuvre des maîtres, les savourait avec délices. Grâce à la docilité de sa mémoire, il n'avait pas de peine à retenir les passages qui l'avaient frappé. Il achetait alors ces morceaux, les cachait comme un trésor et les rapportait dans sa chambrette. De peur d'éveiller les soupçons, il les déchiffrait pendant la nuit à la faveur d'une faible lumière qu'il cachait avec soin. Il comparait aux signes musicaux la hauteur et la durée des sons qu'il avait entendus, et concluait ainsi à la valeur des notes. Il se rendit compte par ce moyen de tout notre système de notation musicale.

Toutefois, son séjour chez le procureur ne fut pas sans mécompte.

Un jour qu'il paraissait plongé plus profondément que d'habitude dans la lecture d'un ouvrage, Rohard vint à passer derrière lui; il vit en tête du volume : *Traité des accords.* Plein de confiance dans le travail de son clerc, et croyant naïvement que celui-ci cherchait les moyens de concilier des plaideurs, il lui adressa des félicitations. Mais notre étudiant n'eut pas la main assez heureuse pour dissimuler certains signes qui trahirent sa faute. Rohard comprit qu'il ne s'agissait pas précisément d'accords à la suite d'un procès. Le résultat de cette découverte fut une sévère remontrance.

Quelque temps après, un fait plus grave se présenta. Le procureur venait de terminer une affaire importante. Les pièces n'avaient plus qu'à être soumises au président du Parlement qui devait en arrêter les frais. Choron fut chargé de présenter les dernières requêtes. Malheureusement, il s'oublia jusqu'à écrire sur l'un des feuillets quelques mesures de la romance de Grétry alors en vogue : *O Richard, ô mon roi!* L'indignation du magistrat fut si grande à la vue de cet inconvenant placet que Rohard faillit perdre tous les bénéfices de cette laborieuse affaire.

Une pareille étourderie ne pouvait trouver grâce aux yeux d'un procureur. Cette fois il ne se borna pas à une réprimande : il écrivit au directeur des fermes une lettre très-irritée par laquelle il lui annonçait le renvoi de son fils.

On peut juger si notre pauvre artiste reçut bon accueil à la maison paternelle. Peut-être le directeur des fermes allait-il prendre à son égard une grave détermination. Les événements écartèrent toute difficulté.

Le père de Choron vint à mourir dans la même année (1789). Son fils dont le cœur était plein de tendresse le pleura sincèrement. Il avait alors dix-huit ans.

Mais notre héros était loin d'en avoir fini avec les contradictions. Bien au contraire : les luttes allaient commencer.

A cette époque, quelques personnes seulement d'un vrai mérite et d'un grand caractère savaient apprécier les artistes. Il existait cette erreur que la carrière artistique doit être abandonnée à des hommes d'une condition modeste et qu'elle ne saurait sans quelque déshonneur être embrassée par un fils de famille.

Ce préjugé avait été celui du directeur des fermes du roi. Il était partagé par la mère et par la famille du jeune Choron. Il fallait donc qu'il luttât contre cette erreur, et encore contre ce sentiment bien naturel qui porte un bon fils à se rendre aux vœux de sa mère.

Toutefois, la passion l'emporta. N'est-il pas juste de dire aussi que Choron avait une vocation spéciale à laquelle il ne faisait qu'obéir. Les faits qui suivent tendent à le démontrer.

Libre de ses mouvements, jouissant d'une aisance convenable, Choron se rend de nouveau à Paris. A peine arrivé, il se procure plusieurs traités sur la musique et se nourrit de la lecture des plus savants ouvrages. Arrêté par des formules algébriques en lisant les œuvres de d'Alembert, il se met à apprendre les mathématiques. Mais ce n'est pas tout. Pour mieux analyser les auteurs, il ne lui suffit plus de les connaître par une froide et pâle traduction ; il faut qu'il s'en pénètre dans le dialecte original. C'est ainsi que, pour étudier les plus célèbres traités italiens et allemands, il apprend la langue de ces peuples. Telle est la pénétration de son esprit que ces études sont pour lui un jeu, et, chose remarquable, elles n'enlèvent rien à la poésie de son âme.

Pendant toute sa vie, Choron déploya une activité surprenante : toujours il mena de front plusieurs travaux. En même temps qu'il étudiait la théorie musicale, les mathématiques, les langues, il se façonnait à l'art de la composition. Il présenta ses premiers travaux à Grétry dont il reçut les encouragements, et ce dernier le mit en rapport avec l'abbé Roze qui n'était pas sans quelque valeur artistique.

Déjà il savait beaucoup, mais il était loin de ce qu'il rêvait. Une intelligence de cette trempe n'avait pas de peine à comprendre que, pour être un artiste sérieux, il faut joindre à une instruction solide un grand nombre de connaissances spéciales. Il les énumère lui-même : « Le talent
» d'analyser et d'exprimer sa pensée ; la connaissance de la
» littérature et celle d'un grand nombre de langues, soit
» anciennes, soit modernes, comme aussi celle des diverses

» branches des sciences exactes ou naturelles ayant rapport
» à l'art. »

Tout en se livrant à ses études favorites, Choron fit ses premiers pas dans la carrière de l'enseignement.

Appelé par le clergé de Saint-Séverin à diriger la maîtrise de cette paroisse, il ne fut pas longtemps sans attirer l'attention. Son talent, son éducation, sa piété gagnèrent bien vite les sympathies. Telle était la confiance qu'inspirait son jugement, qu'on lui demandait fréquemment des conseils pour des affaires importantes, même sur des objets étrangers à son art. Avec l'aide de plusieurs ecclésiastiques, il se mit à apprendre la théologie et l'hébreu. Que de charmes son âme si pure dut goûter dans cette double étude! Comment lui, qui aimait tant les lettres, eût-il éprouvé une moindre admiration pour la langue de Moïse que pour celles d'Homère et de Virgile! Sa vocation était par-dessus tout le culte de la musique sacrée. Combien la lecture de l'Ecriture Sainte, dans son antique langage, dut lui révéler de beautés et donner d'essor à son inspiration!

Choron avait vingt ans. La Révolution française venait d'éclater. Une semblable crise ne pouvait servir le génie artistique du maître de chapelle, ni favoriser sa position. Mais il avait acquis assez de talent pour se mettre désormais au-dessus des nécessités de la vie. Heureux celui dont le savoir, dans des moments terribles, devient une protection contre la misère!

Pour parer aux événements, Choron entra au temps de la Terreur à l'Ecole des ponts et chaussées. Il s'y distingue si bien dès le début que le célèbre Monge le remarque bientôt et lui confie à l'Ecole normale supérieure le cours de géométrie descriptive et analytique dont il fut le créateur. Telle est même l'ardeur de l'élève que le maître est obligé de modérer ses élans. Sous les auspices du professeur, dont il est devenu le disciple de prédilection, il entre à l'Ecole polytechnique et y occupe l'un des rangs les plus élevés.

La famille du jeune artiste voyait avec joie cette direction nouvelle donnée à ses études. Elle se plaisait à croire à une conversion et commençait à être fière de lui à cause de ses succès; mais elle ne pouvait se décider à partager ses premières tendances qui froissaient son orgueil.

Pour satisfaire leur amour-propre et l'attacher à une carrière convoitée, ses parents le pressent d'entrer à l'Ecole des mines. Son séjour y fut de courte durée. Dans la seule excursion qu'il entreprit pour recueillir des minéraux, il perdit tous ses fragments de pierre et rentra à l'école les mains vides.

Cependant un rapprochement s'était établi entre sa famille et lui. Pressé par elle d'aller passer quelque temps en Normandie, dans l'espoir, sans doute, de provoquer une diversion, il se rendit volontiers à ce désir. Il était, au surplus, fatigué du spectacle de la vie légère et fastueuse de Paris. Choron avait en partage une grande noblesse d'esprit : il ne supportait ni la trivialité ni les choses vulgaires, et pourtant il était toujours d'une extrême simplicité. Le vrai mérite est naturellement simple ; la recherche et l'affectation sont le privilége des personnes médiocres.

L'activité de Choron ne pouvait demeurer stérile; aussi, malgré une apparence de repos, son séjour en province fut-il comme le point de départ d'une ardeur nouvelle. L'air embaumé du pays natal, la vue des lieux qui ont souri à son enfance semblent imprimer une plus grande force à son âme déjà si vigoureusement trempée. Il est pénétré d'une idée. Avec un regard d'aigle, il embrasse des horizons qu'il n'avait fait qu'entrevoir. Il comprend l'influence que peut exercer la musique sur la moralité comme sur le bonheur des peuples. La musique, ce n'est pas une lettre morte, un bruit qui frappe et caresse l'oreille ; la vraie musique, « c'est l'idéal du beau réalisé par des sons ; » c'est la noblesse des sentiments, l'exaltation de toutes les facultés humaines se dépouillant des réalités vulgaires pour s'élever jusqu'aux sphères supérieures, jusqu'à Dieu lui-même, le centre de toute perfection.

Il veut maintenant populariser la musique sérieuse et civilisatrice, en répandre le goût, la rendre nécessaire. Sa belle âme est dévorée du désir de faire partager ses convictions à ceux qui l'entourent ; son cœur veut ouvrir à tous le trésor d'aussi nobles jouissances.

Telle est sa pensée, tel sera le but de sa vie.

Tous ses efforts seront dirigés désormais vers cet unique objectif. Rien ne lui coûtera, ni les sueurs, ni les sacrifices. Les jalousies, les luttes n'entraveront pas plus sa route que les ennemis sans nombre qui l'attaqueront de toutes parts sans l'atteindre jamais.

A dater de ce moment, Choron semble ne plus s'appartenir à lui-même. Il vit pour son idée et pour le noble but qu'il a placé devant ses yeux.

Nous allons le contempler, se vouant sans relâche à l'enseignement des classes populaires, comme à l'instruction des classes élevées. Son activité déjà si surprenante va être décuplée, et, malgré ses immenses travaux, il ne négligera en rien ses études didactiques.

A tout prix, il faut commencer. Mais il doute encore de ses forces et veut acquérir une salutaire expérience : il sait, du reste, que la culture de l'esprit est la clef de toute culture artistique.

Sans hésiter, il se fait maître d'école dans un obscur village et compose, pour hâter les progrès de ses élèves, une *méthode pour apprendre en même temps à lire et à écrire.*

— 14 —

Mais le trop modeste théâtre qu'il s'est donné ne lui suffit bientôt plus. Repoussé à Caen, le pays qui l'a vu naître, il s'en va faire à Paris l'application de sa découverte. Le succès fut complet. Grâce à lui, des milliers d'enfants, d'ouvriers ont pu acquérir une instruction élémentaire avec peu d'efforts comme à peu de frais [1].

Presque en même temps, il fonde un collége à Falaise, auquel il consacre une part de ses ressources; mais il se voit bientôt obligé de le confier à d'autres mains pour rentrer à Paris.

Là, sans perdre un instant, il prend la plume et se livre à la composition de plusieurs importants ouvrages.

Le cadre de ce discours ne me permet pas, Messieurs, d'en faire l'analyse. Laissez-moi vous dire cependant qu'ils révèlent la profonde érudition de leur auteur en même temps que la puissance de son génie.

La logique, la netteté des idées le disputent à la clarté, à l'élégance du style. Aussi modeste que savant, Choron s'efface lui-même pour mettre en lumière les grands hommes dont il s'inspire : il n'ignore pas dans quelle mesure il faut tenir compte des découvertes amassées par les siècles précédents.

Ainsi procèdent les hommes véritablement sérieux, car ils savent au prix de quels efforts peut se produire une idée nouvelle. Etudier beaucoup, étudier toujours, était la sage devise de Choron. Et en agissant ainsi, il apportait à ses semblables mille fois plus de lumières que ces médiocrités prétentieuses qui ont la sotte vanité de vouloir dater d'elles-mêmes.

A ses œuvres didactiques et littéraires il ajoute la compo-

[1] C'est à cette méthode qu'ont été empruntés ces modestes tableaux qu'on voit appendus aux murailles de nos écoles d'enseignement mutuel, et qui rendent aux enfants de si précieux services.

sition d'un certain nombre de morceaux de chant. Là encore il fait preuve d'un talent véritable. Les thèmes ne manquent ni de noblesse, ni de grâce ; l'harmonie est soignée : on retrouve l'homme de goût dans la manière d'appliquer les modulations et les rhythmes au sens des textes. De même que Mozart et les compositeurs les plus éminents, il tient le plus grand compte de l'accentuation, art si négligé de nos jours [1].

Les premiers ouvrages de Choron l'avaient fait remarquer ; il eut même en sa faveur les suffrages du gouvernement qui le nomma directeur de la musique dans les fêtes publiques, et le chargea d'un projet de restauration concernant les maîtrises de cathédrales. Malgré ces encouragements et les profits qu'ils lui attiraient, notre artiste était loin de suffire aux dépenses causées par l'impression de ses ouvrages. Mais il n'y songeait pas : aucune considération pécuniaire ne l'arrêtait. Il avait même eu la hardiesse,

---

[1] Parmi les ouvrages les plus appréciés de Choron, il faut citer :

OEUVRES DE LITTÉRATURE ET DE THÉORIE MUSICALES.

Principes d'accompagnement des écoles d'Italie.
Dictionnaire historique des musiciens.
Traité général des voix et des instruments d'orchestre.
Bibliothèque encyclopédique de musique.
Méthode concertante et transcendante de musique, à quatre parties.
Mémoire présenté à l'Académie sur les principes de versification italienne.
Plusieurs méthodes d'harmonie et plusieurs solféges.
Diverses traductions importantes.

OEUVRES DE COMPOSITION MUSICALE.

Ordinaire de l'Office, proses, hymnes en contre-point, selon le rit parisien.
Divers Psaumes de l'Office du soir, en musique et en faux-bourdon.
Plusieurs Messes en musique.
Un grand nombre de Motets, recueils de cantiques, dont quelques-uns ont un vrai mérite. On cite particulièrement les cantiques : *Quel feu s'allume dans mon cœur ? — Paraissez, roi des rois. — O prodige ! ô merveille!* — et le chœur de Racine : *Grâce! grâce! suspends l'arrêt de tes vengeances!* — dans lequel le compositeur, suivant l'opinion des artistes, s'est élevé à la hauteur du grand poète.

dans son amour pour l'art, de faire revivre un ouvrage splendide brûlé pendant le pillage de Naples. Plus de quinze cents planches, primitivement gravées avec la plus grande magnificence et payées sur la cassette du roi, furent reproduites à ses frais [1].

De telles œuvres ne s'accomplissent pas sans de grands sacrifices : la fortune de Choron avait éprouvé de rudes atteintes.

Heureusement, la Providence lui avait ménagé un ami véritable. Saluons, Messieurs, avec le respect dû aux grandes âmes, le nom de M. Petit, avec lequel Choron s'était lié pendant leur commun séjour à l'Ecole polytechnique, et qui, depuis cette époque, avait amassé une brillante fortune. M. Petit était lui-même artiste ; il partageait les idées de son ami ; il possédait son grand cœur. Rien n'avait pu rompre les nœuds d'une amitié que l'ardeur des mêmes convictions avait fait naître, et que le commerce des muses, loin d'affaiblir, ne fit que resserrer davantage. Choron, dans sa noble pauvreté, ne frappa jamais en vain à la porte de son ancien condisciple. La première fois qu'il vint à son aide, il lui donna généreusement trente mille francs.

Si la fortune était peu florissante chez notre artiste, en revanche, sa réputation et sa gloire allaient en augmentant. Cette même année (1820), il fut élu membre correspondant de l'Académie des Beaux-Arts.

Choron ne comptait jamais avec son zèle. A la prière des membres de l'Institut, il rédigea plusieurs rapports, présenta différents mémoires qui sont considérés comme des chefs-d'œuvre. S'il ne fut pas plus tard nommé membre titulaire, on peut l'attribuer à deux causes : d'abord, sa fierté ne sut jamais briguer cet honneur ; ensuite, dans

---

[1] L'ouvrage dont il est ici question a pour titre : *Principes de composition des écoles d'Italie, par Sala.*

sa trop grande franchise, il n'eut pas la prudence de ménager certains membres de l'Institut et du Conservatoire, qui furent loin d'appuyer son élection. Les biographes sont unanimes à reconnaître la criante injustice dont il fut victime. En définitive, en l'éloignant de son sein, l'Institut perdit plus que Choron, car ce dernier lui retira le concours de ses précieux services.

Une cause encore qui avait nui singulièrement à ses bons rapports avec plusieurs sommités artistiques fut sa nomination en 1814 au titre de régisseur général de l'Opéra.

Choron ne voyait en toutes choses que le profit de l'art ; il ne s'arrêtait pas à ces petitesses qui tiennent en maintes administrations une si large place. Aussi, contrairement à bien des avis, il fait mettre à l'étude des ouvrages anciens, monte des opéras nouveaux et introduit dans la direction des réformes qui lui suscitent de nombreux embarras. La lutte devint si vive qu'il dut résigner ses fonctions. Ce fut pour lui une heureuse fortune, car, avec ses goûts, sa place n'était pas au milieu de ces chanteurs, de ces danseurs échevelés.

En même temps que Choron avait été nommé régisseur de l'Opéra, il avait compris la nécessité de donner à l'étude du chant d'ensemble une impulsion nouvelle. Son but était de monter avec tout l'éclat qu'ils comportent les chœurs de notre première scène lyrique. Il insistait donc auprès du gouvernement pour l'établissement d'une Ecole spéciale, qui fut ouverte sous le titre d'*Ecole royale de chant et de déclamation*. Lui-même s'était chargé du cours qui lui paraissait le plus essentiel et qui avait été le plus négligé. Pour donner plus de force à son enseignement, il sollicita et obtint la fondation d'un pensionnat composé d'enfants et d'adultes.

C'est à cette école qu'a été formé le célèbre Duprez, son élève chéri, auquel il disait : « *Toi, tu n'auras qu'à chanter la gamme, et tu charmeras tout le monde.* » Scudo, Monpou, Nicou-Choron, Dietsch, Saint-Germain et tant d'autres y ont puisé le germe de leur talent.

Grâce à l'excellence de son enseignement, les élèves de Choron firent de rapides progrès. Son plus grand obstacle était la rareté des voix. Il chercha le moyen d'y remédier.

Appuyé de diverses recommandations, favorisé du bon vouloir du ministre, il reçut avec quelques subsides l'autorisation de parcourir la France pour recruter des sujets.

On le vit alors, muni d'un mince bagage et d'une bourse encore plus légère, traverser à pied le midi et le nord de la France, ne s'épargnant aucune fatigue, ne comptant pour rien ses sueurs; toujours vif, toujours gai, toujours chaleureux à l'endroit de ses doctrines et plein de persuasion. Son désintéressement était à l'égal de son zèle. Il revenait un jour tout joyeux d'un voyage en Picardie : « J'y avais été, disait-il, pour trouver une basse-taille, et j'en ramène un ténor; c'est égal; je suis sûr qu'il fera honneur à la maison. — C'est sans doute un pensionnaire payant, lui dit l'économe; quel sera le prix de la pension? — Ame vile et vénale, lui répondit Choron indigné, je vous parle d'un ténor et vous allez me parler d'argent! »

Un autre jour, traversant un village, il rencontra une famille tout en larmes dont la chaumière venait d'être incendiée. Sans discuter avec son cœur, il donna son dernier écu, oubliant qu'il n'avait pas dîné et qu'il se trouvait à plus de vingt-cinq lieues de chez lui.

Tout en recrutant des voix dans ses pérégrinations, Choron trouva moyen d'y fonder un certain nombre d'écoles de chant qui, en lui préparant des sujets pour l'avenir, aidaient à répandre le goût de la bonne musique.

Avec les éléments qu'il avait recueillis, le maître put bientôt donner à ses exécutions un nouvel éclat. Par ses concerts il s'attira de si nombreux encouragements que le ministre de la maison du roi lui accorda une subvention plus considérable et la croix de la Légion d'honneur.

L'école de Choron prenait trop d'importance pour ne rester qu'une simple succursale du Conservatoire : le ministre des Beaux-Arts résolut de séparer les deux institutions.

Rien ne pouvait favoriser davantage le génie de Choron. La musique classique et religieuse était celle qui convenait le mieux à son genre d'esprit. L'élévation de ses pensées, la pureté de son goût le rapprochaient du style inimitable des anciens maîtres. Il avait un culte pour la grande école du XVI$^e$ siècle, dont Palestrina est le plus parfait modèle, et n'en parlait qu'avec le plus vif enthousiasme : « Savez-
» vous ce que c'est que Palestrina ? disait-il un jour à l'un
» de ses amis. Rappelez-vous ce que je vais vous dire :
» Figurez-vous un immense océan, dont les flots roulent
» avec calme et majesté ; c'est la musique antique. D'un
» autre côté, voyez-vous cet océan, dont les vagues
» furieuses s'élèvent jusqu'au ciel, puis tout à coup s'enfon-
» cent dans l'abîme ; c'est la musique moderne. Eh bien !
» Palestrina, c'est le point de jonction, le confluent de ces
» deux océans ; Palestrina, c'est le Racine, c'est le Raphaël,
» c'est le Messie de la musique. »

C'est en 1826 qu'abandonnant son ancien local, Choron vint s'installer rue de Vaugirard, en donnant à son institution le nom d'*Ecole de musique religieuse*.

L'un de ses premiers soins, en y entrant, fut de faire venir d'Italie et d'Allemagne la plus riche collection de musique sacrée. Cette dépense considérable, déjà au-dessus de ses forces, ne l'empêcha pas d'en faire d'autres encore. Il entreprit presque aussitôt la publication d'un journal de musique religieuse. Quelque temps après, la salle dans laquelle il donnait ses concerts étant devenue trop étroite pour contenir les nombreux auditeurs qui s'y pressaient, il conçut le dessein d'en créer une nouvelle. Le gouvernement, qui avait été fort large à son égard, ne voulut rien lui accorder. Mais devant une question d'argent, Choron n'hésite pas. Lui-même fait bâtir à ses frais la salle de concert : elle ne lui coûta pas moins de vingt-deux mille francs.

Choron inaugura cette salle en y faisant exécuter, en présence de la famille royale et de nombreux auditeurs appartenant au monde le plus distingué de Paris, plusieurs chefs-d'œuvre de la grande école.

L'éminent artiste était à l'apogée de sa gloire. Il disposait de près de deux cents élèves parfaitement disciplinés. Sous sa baguette magique, il leur faisait exécuter deux fois par mois, devant un auditoire d'élite, les compositions les plus savantes et les plus délicates. Ses concerts étaient devenus célèbres : les admirateurs ne manquaient pas à ces fêtes où l'âme se fortifiait dans la contemplation du beau. Tous les chefs-d'œuvre des maîtres classiques y firent successivement apparition : ils y étaient interprétés d'une manière si parfaite qu'on ne savait à quel mérite attribuer la plus grande part d'éloges : au mérite de l'œuvre ou au mérite de l'exécution. Chose à remarquer, ces chœurs d'une délicatesse extrême étaient chantés sans accompagnement : seul le piano était admis, et il ne servait le plus souvent qu'à donner le ton.

Les élèves de Choron avaient trouvé des imitateurs ; ils ne rencontrèrent pas de rivaux. Ceux du Conservatoire ne pouvaient entrer en lice avec eux. Enthousiasmés et ravis, ils voulurent souvent entreprendre l'étude des mêmes morceaux. Jamais ils ne purent atteindre les mêmes résultats ; plusieurs fois ils échouèrent complétement. Cherubini avait un jour entendu à l'un des concerts de Choron un chœur splendide. Il l'avait signalé à ses élèves, en recommandant qu'on le mît à l'étude. Quelques jours après, comme il entrait dans la classe au moment où on le répétait : « Ce morceau n'est pas mauvais, s'écria-t-il, mais j'en ai entendu un bien plus beau chez Choron. » Il ne l'avait pas reconnu.

Le secret de la force des élèves de Choron provenait de l'excellence des leçons du maître, et le secret de cette supériorité résidait non-seulement dans l'ardeur dont il était rempli, mais surtout dans la richesse de ses connaissances et la piquante originalité de son esprit. Grâce à ces ressources exceptionnelles, il savait toujours présenter sous le jour le plus vrai, sous les couleurs les plus saisissantes les œuvres qu'il faisait étudier.

C'est surtout à sa leçon de trois heures, qui était celle des répétitions générales, que Choron se laissait le mieux aller à la verve de son esprit. Le feu de son regard, l'expression de son visage, la vivacité de son geste, l'accent ému de sa voix donnaient à sa parole une autorité qui imposait à ses élèves et les plaçaient sous le charme d'une séduction dont nul ne pouvait se défendre. Souvent il s'arrêtait tout court au milieu d'une explication, puis il fermait les yeux pour méditer ; quelquefois il se frappait le front comme pour en faire jaillir une pensée, puis il reprenait son discours, exposait l'idée du compositeur, le génie de l'époque, s'appliquant à en reproduire les moindres nuances.

Ses leçons embrassaient tout : philosophie, littérature, histoire, religion, sciences ; et il savait donner tant de charme à son récit que plusieurs fois, s'adressant même à des enfants, l'heure de la récréation fut absorbée sans qu'un seul murmure révélât le plus léger ennui comme la moindre impatience.

Au moment de la splendeur de son école, Choron avait reçu le titre de maître de chapelle de l'Université. Chaque dimanche, il faisait exécuter dans l'église de la Sorbonne des messes en musique qui y attiraient une foule considérable. Là au moins le pauvre pouvait, aussi bien que le riche, jouir de ces merveilleux concerts, et entendre les admirables exécutions de la plus illustre école de musique religieuse qui fut jamais.

Bien des œuvres y furent chantées : on y entendit spécialement, pendant la semaine sainte de 1830, le *Stabat* de Palestrina et le *Miserere* d'Allegri, qui n'avaient jamais osé franchir le seuil de la chapelle pontificale.

Avec tous ces travaux, Choron savait encore trouver du temps pour les études théoriques ; on sera peut-être étonné, et c'est pourtant la vérité, quand nous dirons que dans l'espace de deux ans, il ne publia pas moins de douze ouvrages.

C'est au milieu de tant d'œuvres que vint à se déclarer la Révolution de 1830. Ce fut un coup de mort pour le grand artiste. A l'époque de la splendeur de son école, Choron recevait du gouvernement une allocation qui s'élevait à près de cinquante mille francs. Elle fut supprimée, et le ministre ne lui accorda, à titre de retraite, qu'une somme de douze mille francs. Les sacrifices énormes que l'illustre maître s'était imposés ne lui avaient rien laissé de sa fortune personnelle. Tout avait été englouti pour servir la noble cause à laquelle il avait voué sa vie. Que pouvait-il faire désormais avec douze mille francs ? Il parvint cependant à élever douze pensionnaires, à payer six employés, et à entretenir sa propre maison. Dieu sait s'il dut s'imposer des privations de toutes sortes.

Victime des événements, Choron ne se consolait pas de la ruine de son école. Son chagrin fut si profond que sa santé en fut gravement altérée.

Cependant, il ne pouvait se condamner au repos. Secondé par l'un de ses disciples, il donna des leçons de chant aux élèves des écoles primaires. Avec une ardeur que lui seul savait déployer, il les mit bientôt en état de faire leur partie. Réunissant alors un nombre égal d'ouvriers qu'il prépara de la même manière, il composa un chœur complet. Par malheur, avec de semblables éléments, façonnés à la hâte, empruntés à toutes les écoles, à tous les ateliers, il ne pouvait arriver à une exécution parfaite. Il chercha à compenser ce défaut par d'autres qualités ; il obtint de grands effets par le nombre des exécutants. A Saint-Sulpice, il fit chanter un magnifique *Salut* par six cents voix. Avec un nombre moins considérable de chanteurs, il réussit mieux encore à Notre-Dame. Placés dans les tribunes du chœur, afin de ne rien enlever à la puissance des voix, les exécutants firent tressaillir les voûtes de la vieille cathédrale. Les chroniques du temps ont peint avec des paroles émues l'enthousiasme de l'auditoire.

Malgré la diminution progressive de ses forces, Choron déploya jusqu'à la fin cette activité qui ne lui avait jamais fait défaut. Plusieurs évêques l'avaient sollicité pour qu'il organisât des maîtrises dans leurs cathédrales. Il se mit de nouveau à parcourir les départements, n'ayant pour tout bagage qu'une petite collection de musique religieuse éditée à ses frais. En six jours, il forma à La Rochelle un chœur de quatre-vingt-dix voix et une école de musique vocale ; en moins de temps, il créa des œuvres semblables à Luçon, à Angers, à Tours, à Chartres. A Nantes, en une semaine, il forma trois chœurs, composés l'un de quatre-vingts chanteurs, l'autre de cent dix, le troisième de cent soixante, et organisés de manière à pouvoir chanter ensemble ou séparément.

Quelle activité! quel dévouement! quelle fécondité de ressources! Jamais on ne vit homme de plus de zèle et d'abnégation.

Les temps étaient mauvais. Les œuvres auxquelles Choron prodiguait ses soins, aussi bien à Paris qu'en province, étaient difficiles. Malgré l'altération toujours croissante de sa santé, il voulait entreprendre un nouveau voyage. Il ne put réaliser ce projet. La maladie augmentant vers le mois de juin, ses amis lui donnèrent le conseil de respirer l'air de la campagne. Il se rendit à leur désir, mais en éprouva peu de soulagement.

Pendant cet exil volontaire, sa plus grande consolation était de recevoir la visite de ses anciens élèves. Il les aimait et il en était aimé; il les accueillait toujours les bras ouverts, et malgré l'ingratitude de quelques-uns, il n'en parlait jamais sans qu'on vît les larmes couler de ses yeux.

Revenu à Paris, il s'affaiblit de plus en plus. Il ne voulut pas cependant qu'on interrompît les leçons de son école. Ce n'était plus qu'une ombre, et pourtant il ne pouvait en détacher ni ses regards ni son cœur. Un soir, malgré l'absolue défense du médecin, il eut l'imprudence, par un froid rigoureux, de descendre de sa chambre pour se traîner dans la cour voisine de la salle de concert. On y exécutait un chef-d'œuvre de la grande école. On le trouva nu-pieds, tout transi de froid, blotti derrière la porte, enveloppé dans une couverture de laine.

Cependant le mal avait fait de rapides progrès. Peu de jours avant sa mort, il fit appeler son médecin, qui était en même temps son ami, et lui remit l'épitaphe qu'il voulut être placée sur sa tombe. Il y retrace sa vie d'une manière simple et touchante, sans orgueil comme sans fausse modestie. Il est aisé d'y voir combien la langue latine lui était familière[1].

L'archevêque de Paris, qui avait pour Choron une estime profonde, vint le visiter pendant sa maladie. Il le consola, lui donna sa bénédiction et recueillit ses derniers aveux. Puis il demanda le pain des forts qu'il reçut avec l'amoureuse foi du chrétien. Enfin, sa dernière heure étant venue, Dieu lui accorda la douceur d'expirer au milieu des siens. C'était le 25 juin de l'année 1834, aux premières lueurs de l'aurore.

On lui fit, selon son désir, des funérailles sans faste, mais les larmes de ses amis, de ses élèves, furent plus éloquentes que les discours les plus louangeurs.

Peu de temps après, le dôme des Invalides retentissait d'une puissante et suave harmonie. Les anciens élèves de Choron s'étaient réunis pour chanter à la mémoire de leur maître cet impérissable *Requiem* de Mozart, que lui-même leur avait appris à exécuter avec tant de perfection.

Sous cette coupole tout ornée des signes de nos gloires nationales se chantaient des louanges pour célébrer une gloire modeste, mais plus pure et plus féconde que l'éclatante renommée du héros qui devait, quelques années plus tard, y trouver un asile.

---

[1] Voici le texte de cette épitaphe :

ALEXANDER-STEPHANUS
CHORON
E VALESIO ORIUNDUS,
NATUS CADOMI, DIE XXI OCTOBRIS 1771;
LITTERIS, BONIS ARTIBUS AC SCIENTIIS ACCURATE ET FELICITER STUDUIT,
SED MUSICAM SACRAM ET DIDACTICAM
PRÆSERTIM EXCOLUIT;
RELIGIONI ATQUE PUBLICÆ UTILITATI PRÆCIPUE CONSULENS,
BONIS ET BONO TOTUS INTENTUS ET FAVENS,
SEIPSUM AC SUA PRORSUS ABNEGAVIT.
QUAM MULTA, AD NIMIUM ARTIS DAMNUM, IMPERFECTA RELINQUENS,
VARIIS PUBLICIS MUNERIBUS FUNCTUS,
OBIIT DIE..........
ORATE PRO EO.

# RÉPONSE

## DE M. Ch. PELLORCE,

### Vice-Président.

---

Monsieur,

Dans cette étude si excellente par l'élévation des pensées et le soin du style que vous venez de nous donner sur l'illustre Choron, plus d'un trait de cette noble figure, esquissée par vous avec une piété toute filiale, peut vous être appliqué à juste titre. Dussé-je blesser votre modestie par un rapprochement qu'assurément elle repousserait si l'assentiment de tous vos confrères ne vous obligeait à le subir, je dirai que, vous aussi, dans de plus modestes proportions, vous avez tenté et fait ce qu'il fit et tenta de faire sur une scène plus vaste et avec plus de retentissement. Comme l'éminent propagateur de cette méthode qui, dans les premières années de la Restauration, sous le nom de *Méthode concertante*, attirait l'attention publique, vous avez aimé la musique avec passion, dès vos plus jeunes années; vous en avez poursuivi l'étude en dépit des arides préoccupations du droit où votre famille voulait circonscrire votre activité et avec lesquelles, par un respect qui vous honore, vous n'avez point voulu rompre, et auxquelles aujourd'hui encore vous êtes demeuré attaché.

Comme lui, vous avez voulu posséder cet art difficile jusque dans les profondeurs de ses secrets théoriques, vous rendre maître des règles qui, à l'insu du vulgaire, s'imposent à la mélodie comme à l'harmonie, à l'art d'enchaîner les sons comme à celui de les associer entre eux. Vous vous êtes livré à la composition et le petit nombre d'œuvres que vous avez publiées témoigne que chez vous les grâces de l'imagination n'ont rien perdu au contact de la science. Comme lui, après avoir acquis pour vous cet art divin, « bienfait du ciel d'où il est descendu, » vous avez conçu ce désir que les âmes généreuses seules peuvent ressentir, d'initier les masses aux ineffables jouissances qu'il procure. De même que Choron allait partout, créant des maîtrises, des écoles de chant, vous avez fondé, non sans de pénibles efforts, cette maîtrise de l'église Saint-Pierre qui, elle aussi, est une école, un exemple, un enseignement. Persuadé, comme ce grand artiste, que la musique religieuse est la plus haute, la plus profonde, la plus pure manifestation de cet art qui a seul le don de l'infini, vous vous êtes voué au culte exclusif de la musique sacrée, et soit par l'exécution de ces messes des Haydn, des Mozart, dont les suaves harmonies étaient inconnues jusqu'alors à notre population, soit par ces belles improvisations sur l'orgue que vous nous faites entendre aux jours de fêtes religieuses, hymnes sans paroles où l'âme de l'artiste et du chrétien s'exhale et s'assouvit en quelque sorte, vous avez, vous aussi, su créer dans notre ville un foyer pour l'art pur, l'art spiritualisé, en un mot pour l'art chrétien.

C'est donc par une sorte de droit autant que par devoir que vous vous êtes fait le biographe de Choron, car vous êtes bien son disciple, le digne continuateur de son enseignement. Vous avez rallumé une étincelle de ce fier génie, mort à la peine comme tant de génies précurseurs, et vous nous montrez qu'à côté de la parenté du sang il y a aussi celle de l'intelligence et du cœur, qui prolonge ainsi l'œuvre de l'artiste à travers le temps par la communauté des vues, des sentiments et des doctrines. L'Académie salue en vous la mémoire du maître vénéré qui tenta la restauration de l'art sacré en relevant le culte du vrai et qui, s'il échoua dans son entreprise, succomba du moins dans la plus noble lutte que l'homme puisse soutenir ici-bas, la lutte pour le beau et le bien.

La Révolution, en supprimant les maîtrises que l'Empire essaya plus tard de rétablir, n'avait fait que précipiter la décadence complète de l'art religieux. Depuis longtemps déjà il s'était glissé dans l'interprétation du chant liturgique des altérations profondes qui en avaient modifié gravement le caractère traditionnel. L'œuvre de Palestrina et de son école, qui est peut-être, en dehors du plain-chant, la seule forme musicale vraiment religieuse que possède l'art chrétien, ne réussit pas à arrêter l'irruption du mauvais goût et surtout du goût profane dans le sanctuaire. Les mélodies mondaines y pénétrèrent de nouveau et l'envahirent au travers des chefs-d'œuvre des Scarlatti, des Leo, des Pergolèse, et plus tard des Haydn, des Mozart et des Haendel. À la fin du XVIIIe siècle, le désordre était complet et vint s'achever dans la tourmente révolutionnaire. Napoléon Ier, en rouvrant les temples, tenta de reconstituer les maîtrises. Mais cette réorganisation se fit mollement et tout était à retrouver, écoles, maîtres et principes. Ce fut alors que Choron, se reportant à ce type du chant de l'Église dont saint Bernard nous a laissé l'admirable définition, forma le dessein de régénérer en France la musique religieuse et fonda son institution royale de musique que l'Etat entretint d'abord et abandonna lors de la Révolution de 1830. Je ne redirai pas après vous en quoi consista cette entreprise ni par quelles douloureuses péripéties elle prit fin au milieu de l'indifférence publique. Je ne rechercherai pas non plus quelles furent les causes de l'insuccès auquel elle aboutit, si elle devançait les tendances de l'époque, ou si, comme quelques critiques le pensent, il y eut là un échec de plus pour l'Eglise dans sa lutte avec le siècle, un symptôme de son impuissance à retenir désormais dans son sein et à satisfaire cette soif d'inconnu qui tourmente l'esprit humain. Je dirai seulement que l'essai de Choron, qui, d'ailleurs, n'a pas été inutile puisqu'il a eu plus tard dans Niedermeyer un illustre adepte et un imitateur, mérite la reconnaissance de ceux qui ont souci des destinées de l'art, puisqu'il eut pour but de rouvrir non pas seulement à la musique d'église, mais encore à la musique dans son ensemble, les sources pures du beau en la ramenant au principe qui seul peut la vivifier, au sentiment divin.

On ne peut, en effet, s'empêcher de rattacher la tentative de Choron à ce mouvement spiritualiste et chrétien qui a marqué les premières années de la Restauration et qui en demeurera l'impérissable gloire. De toutes parts, en littérature, en philosophie, dans les arts plastiques, on secouait ce sensualisme desséchant qui avait menacé d'étouffer la pensée humaine sous le premier Empire. L'idée platonicienne reprenait possession des esprits, grâce à la dialectique ardente et communicative des Cousin, des Jouffroy. On avait entrevu de nouveau qu'il y a en dehors de l'homme une idée, un type du beau, indépendants de nos sensations, dont les règles immuables ne prennent point leur source ici-bas. C'est alors que Lamartine, sur l'aile des *Méditations*, emporta l'âme humaine sur des sommets qu'elle n'avait jamais atteints. L'infini s'était rouvert devant l'homme, poète, artiste ou philosophe, mais un infini qui avait Dieu pour but et pour terme. Dès lors l'art, touché dans toutes ses manifestations du rayon divin, s'idéalisa non plus au souffle indécis du platonisme, mais sous l'influence vivifiante et forte du sentiment chrétien. Choron, lui aussi, subit ce mouvement qui, d'ailleurs, allait si bien à ses sentiments personnels. Il se proposa de ramener la musique vers les cimes élevées où règne la beauté éternelle et de rouvrir à la foule le trésor de ces magnificences auxquelles la musique ne peut atteindre qu'en s'imprégnant du sentiment vraiment religieux. Tel fut le but de cette propagande qu'il poursuivit sous le couvert de ces exécutions si remarquées alors d'œuvres empruntées au plus pur chant liturgique ou aux maîtres des XVI$^e$ et XVII$^e$ siècles. L'impression fut profonde, mais peu durable. Il eût fallu que l'expérience se prolongeât davantage pour vaincre la légèreté du public.

A cette époque aussi, on résolut d'introduire l'enseignement du chant dans les écoles de la ville de Paris. La Société pour l'instruction élémentaire fit appel aux artistes afin d'obtenir une méthode populaire. De nombreux concurrents se mirent sur les rangs; ce fut Wilhem qui l'emporta. La méthode de Choron fut écartée. Choron, du reste, n'avait pas précisément en vue l'introduction de la musique dans l'enseignement primaire. S'il s'occupa de répandre dans les écoles les notions du solfége, ce fut pour découvrir des élèves d'élite, et comme moyen d'action sur ses auditoires par des effets saisissants de sonorité que le nombre des voix seul peut produire. Peut-être voulut-il aussi, en n'empruntant ses moyens d'exécution qu'aux masses, aux enfants des écoles, enseigner aux humbles, aux petits, qu'eux aussi pouvaient former des orchestres vivants, capables de rivaliser pour la puissance, l'éclat et la suavité avec les orchestres d'instruments les plus consommés. Et d'ailleurs, comment ce grand artiste n'aurait-il pas compris que le chant choral, s'il est le chant chrétien par excellence, est aussi le vrai chant du peuple, celui où les voix inégales, défectueuses, mal assurées se fondent et se perdent dans un ensemble qui ne forme plus qu'un tout harmonieux. Ainsi, dans une forêt qui étend de la montagne à la plaine ses courbes gracieuses dans un imposant mélange d'ombre et de lumière, l'œil est saisi par la grandeur des proportions et ne saurait discerner l'arbrisseau de l'arbre, le front à demi dépouillé du chêne séculaire de la cime verdoyante du hêtre vigoureux.

C'est donc par la perfection de l'exécution, par le choix des modèles que Choron se flatta de corriger le goût public. Noble ambition qui, si elle n'atteignit pas complétement son but, rouvrit du moins la voie aux saines traditions. Et d'ailleurs, dans cette âme d'artiste où se réveillèrent les échos des hymnes divins des saint Ambroise, des Gélase, des saint Thomas d'Aquin, combien de muets et ineffables concerts entendus par elle seule aux heures des méditations et d'extase, n'ont-ils pas dû la payer au centuple des amertumes et de la défaite?

Choron, vous nous le rappelez dans sa biographie, voulut aussi s'initier aux difficultés de l'art d'instruire les enfants, difficultés dont on ne connait l'étendue qu'après s'y être essayé. Il ouvrit une école, et son esprit ingénieux sut imprimer sa marque aux procédés et aux méthodes qu'il mit en usage. Vous aussi, Monsieur, vous avez conçu ce dessein généreux d'instruire les ignorants, et le cercle de jeunes ouvriers fondé dans notre ville par un zélé ecclésiastique a été longtemps pour votre dévouement une occasion de plus de se déployer. Je ne soulèverai pas le voile sous lequel se dérobait ce côté de votre activité, mais si je me tais sur l'ouvrier, laissez-moi dire ce que je pense de l'œuvre. Toutes ces institutions qui ont pour but l'instruction des masses par leur moralisation, tous ces sillons, creusés avec tant de peine pour y faire germer quelque idée honnête, méritent, bien qu'à des degrés divers, l'estime et les encouragements des gens de biens. S'il doit être tenu compte un jour du moindre verre d'eau donné en esprit de charité, combien mieux de ce qui aura été partagé du pain de l'intelligence. Faire l'aumône est un acte méritoire, mais prendre sur ses loisirs des heures qu'on emploierait si bien à sa propre instruction ou pour son délassement et les consacrer à instruire ou à distraire honnêtement les déshérités de la science, partager ainsi son esprit et son intelligence, c'est peut-être pratiquer la charité la meilleure devant l'Evangile, et ceux-là qui, au sortir de leurs entretiens avec le peuple, le laissent consolé, fortifié, meilleur, sont mieux ses amis que ceux qui ne lui soufflent au cœur que la haine et la colère.

Le louable mobile qui anima Choron et le soutint dans la lutte qu'il poursuivit avec tant d'énergie, est aussi celui qui vous a inspiré ces belles études que vous avez publiées, il y a deux ans, sur le chant religieux. Les bornes de ce discours ne me permettent pas d'analyser et d'apprécier comme il le mérite ce livre qui est tout à la fois une œuvre de vérité et un acte de foi. Tous ceux qui voudront, à l'exemple de ce que vous avez fait à l'église de Saint-Pierre, poursuivre la restauration de la musique religieuse, y trouveront, à côté des considérations les plus élevées et les plus judicieuses sur l'art religieux, les meilleurs conseils pour la formation et la bonne direction des maîtrises qui en sont la base fondamentale. Mais si je ne puis entrer dans le détail de cet excellent écrit, laissez-moi vous féliciter de la sévérité des principes sur lesquels il s'appuie. Comme vous, je crois que ce n'est que par un retour complet, absolu, aux règles que vous tracez d'une main aussi sûre qu'expérimentée que les offices du culte retrouveront dans nos petites, comme dans nos grandes églises cette convenance et cette majesté dues à la piété des fidèles.

Le plain-chant, répèterai-je avec vous, après Jean-Jacques Rousseau, Rossini, Halévy et tant d'autres maîtres, ne saurait être remplacé à l'église par aucune autre musique. Il est la plus haute, la plus noble et la plus pure expression musicale du sentiment chrétien, à la condition, bien entendu, que l'exécution en respecte rigoureusement le caractère. Sans doute, ces messes des maîtres modernes, chefs-d'œuvre de l'art, en les supposant exécutées et écoutées dans cet esprit de recueillement pieux qui en feraient de véritables actions de grâces vers le Seigneur, il serait cruel de les bannir du temple; mais en face des abus que l'introduction de la musique profane a fait naître, ce n'est que par le respect sévère des conditions du style religieux que la musique aura reconquis la place qu'elle mérite et qu'elle doit avoir dans le sanctuaire. Et quelle place, si l'on considère celle que depuis Platon jusqu'à nos jours on lui reconnaît, en comparaison avec les autres arts, dans l'ordre de nos sensations !

Voyez celle que de toutes parts la critique moderne lui décerne, celle que lui assigne le philosophe éminent qui a laissé sur le vrai, le beau et le bien des leçons qui sont peut-être ce que l'esthétique offre de plus accompli autant au point de vue de la solidité des jugements que de la pureté et de l'élévation du goût.

Et cependant ce rang auquel il la place, à l'opposé de la peinture, à côté de la sculpture, mais bien au-dessous de la poésie, n'est-il vraiment que celui dont elle est digne ?

Pour justifier sa classification, l'illustre Cousin la base sur ce que l'expression dans un art peut lui servir de mesure, et attribuant à la poésie d'abord, aux autres arts ensuite, une faculté plus puissante de traduire tous les sentiments les plus profonds de l'âme, il arrive ainsi à leur décerner la prééminence sur cet art qui n'a à opposer à Virgile, à Phidias, à Raphaël, à Michel-Ange que les Mozart, les Beethoven, les Haendel, les Rossini et les Meyerbeer.

Peut-être un tel jugement satisfait-il les esprits nets et précis, mais assurément il n'est pas ratifié par les âmes tendres, naïves, rêveuses, mélancoliques, simples ou raffinées que la musique charme, passionne, enivre tour à tour, par toutes ces âmes, et celles-là c'est la foule, qui y trouvent des accents pour leurs joies, leurs tristesses, un aliment pour leurs rêves, des échos pour leurs douleurs, que nulle poésie, nulle œuvre plastique ne saurait y éveiller. Ne proclameraient-elles pas au contraire que la musique est l'art par excellence? que la parole parlée, poésie ou prose ne rend jamais qu'imparfaitement la pensée humaine, puisque souvent un regard, un geste, renferme plus d'éloquence que le plus beau vers, le discours le plus achevé. La musique n'est-elle pas de tous les temps, de tous les pays? Qui de nous aujourd'hui a retrouvé la mélodie d'un dactyle ou d'un spondée? Les langues s'effacent, emportant avec elles le secret de leur harmonie. L'harmonie des sons est éternelle, coexistante en quelque sorte à Dieu lui-même, puisque c'est lui qui en a fixé les lois comme il a fixé celles qui règlent la marche harmonieuse des sphères dans l'espace. Aucun art n'est capable d'exercer sur les masses une influence meilleure. Il a la puissance de la prière, parce que, comme elle, c'est une élévation de l'âme qui se passe de la parole humaine, et c'est avec raison que toutes les religions se le sont associé, et que le christianisme s'en est emparé en lui imprimant le sceau divin dont il a marqué toutes les choses de ce monde auxquelles il a touché.

Contemplez une foule écoutant l'exécution de quelque

belle œuvre musicale, et dites si aucune autre œuvre d'art pourrait produire ces ravissements, ces sortes d'extase dont on voit la flamme illuminer tous les visages.

Ah ! sans doute, Athènes et Rome ont connu cette volupté du beau qui nous saisit encore à la vue de ces chefs-d'œuvre de la statuaire antique qui sont demeurés, à travers les âges, des modèles du beau idéal. Comme eux, la contemplation de la Vénus de Milo, de l'Apollon, nous éblouit et nous emporte dans les régions rêvées du beau absolu. Mais que sont ces émotions auprès de celles que la musique soulève en nous, émotions que les âges antiques n'ont pu connaître et qui ne datent que de l'époque chrétienne ? N'est-ce pas le christianisme qui, en découvrant à l'homme les perspectives de l'infini, lui a ouvert les horizons dont l'art chrétien pouvait seul lui faire entrevoir la profondeur ?

Cousin, en refusant à la musique « d'être le premier » des arts, lui reproche d'être vague, obscure, indéter- » minée dans ses effets, d'exprimer tout et de n'ex- » primer rien en particulier. Veut-elle rendre la magna- » nimité, la résolution vertueuse, elle en est aussi » incapable que de peindre un lac ou une montagne. » Elle s'y prend comme elle peut, elle emploie le » large, le rapide, le fort, le doux, etc., mais c'est à » l'imagination à faire le reste et l'imagination ne fait que » ce qui lui plaît. »

La musique manque de précision ; soit. Où la parole finit, a dit le poète des poètes, la musique commence. Ainsi, où la parole humaine accuse son impuissance et se tait accablée sous la grandeur des sentiments qui lui demandent une expression terrestre, c'est la musique qui apparaît. C'est elle qui recueille la lyre échappée aux mains débiles du poète, et ce que les mots unis aux mots sur les lèvres d'un

Homère, d'un Dante ou d'un Racine n'auront pu retracer, ce sont des sons combinés par l'art d'un Mozart ou d'un Beethoven qui sauront l'interpréter. Est-ce donc une marque d'infériorité de pouvoir seul traduire ce que le cœur demande en vain à l'esprit de rendre? Est-ce le signe de la faiblesse que de savoir exprimer et faire naître à son gré les ivresses de la douleur, de l'espérance, de l'amour, pour lesquelles le chantre d'Elvire demandait

Des accents inconnus à la terre,

de ces accents si profonds, qu'on pourrait se demander s'ils ne sont pas comme un écho de ces harmonies infinies que l'homme rêve hors des bornes de ce monde terrestre?

« La musique ne peut exprimer ni la magnanimité, ni la
» résolution vertueuse. Elle s'y prend comme elle peut :
» l'imagination fait le reste ! »

Au second acte de *Guillaume Tell,* lorsque les héroïques montagnards font serment de mourir pour la patrie, est-il besoin que l'imagination de l'auditoire vienne compléter l'œuvre musicale pour retrouver dans ces hymnes magnifiques l'accent des plus nobles résolutions?

Et dans ces admirables prières de la *Muette*, de *Moïse*, dans ce chœur du quatrième acte des *Huguenots*, où la foi poussée jusqu'au fanatisme éclate en accents si terribles et si sombres, est-il besoin de quelque effort de l'imagination pour achever la conception du musicien? Pourrait-elle même l'atteindre?

La musique est vague, indécise, dit l'illustre auteur du *Vrai, du Beau et du Bien.* Soit encore. Mais aujourd'hui, pour restituer vis-à-vis de la multitude leur prestige à Corneille et à Racine, il faut le talent d'un Talma ou d'une Rachel, et quand ces brillants interprètes de l'art ont disparu, la foule, qui semble avoir perdu le secret des beautés de tant de chefs-d'œuvre, s'écrie que la tragédie est un genre usé et s'éloigne de nos scènes théâtrales aux jours où l'on y joue *Polyeucte* ou *Bajazet*, à moins que quelque début éclatant ne réveille sa curiosité.

Pour faire éclater, au sein de la foule, les splendeurs du beau musical, pour entraîner, subjuguer les masses, les ignorants, les petits, pour y faire vibrer les plus nobles enthousiasmes, il suffit de quelques moines perdus au fond d'un cloître, de quelques enfants remplissant de leurs voix enfantines la coupole d'un temple chrétien, de quelques paysans poussés à la frontière contre l'ennemi menaçant leurs foyers.

Il faut éviter ces classifications comme choses au moins difficiles, sinon oiseuses, s'abstenir de rechercher quel est celui des arts qui doit obtenir la prééminence sur les autres.

Tel peuple, tel temps est plus enclin qu'un autre aux arts qui relèvent plus particulièrement de la forme. Tel siècle, le nôtre, par exemple, semble être plutôt celui de la musique, sans doute parce qu'elle est par excellence l'art qui console les cœurs isolés et blessés. Serons-nous pour cela en droit d'affirmer qu'elle soit le premier des arts?

Les Grecs étaient plus avisés. Leur doux symbolisme mythologique avait fait des divinités chargées de présider aux facultés de l'esprit : neuf sœurs, sous le nom de Muses. Elles étaient filles du dieu suprême, du dieu de la vie, de la foudre, de celui qui régnait sur la nature, les hommes et les autres dieux. Apollon, le dieu de la lumière, dirigeait leur chœur gracieux, et, bien qu'il fût un peu musicien, témoin les mésaventures de Midas et de Marsyas, la fable ne dit pas que jamais Euterpe ait revendiqué le privilége de prendre le pas sur ses compagnes.

207

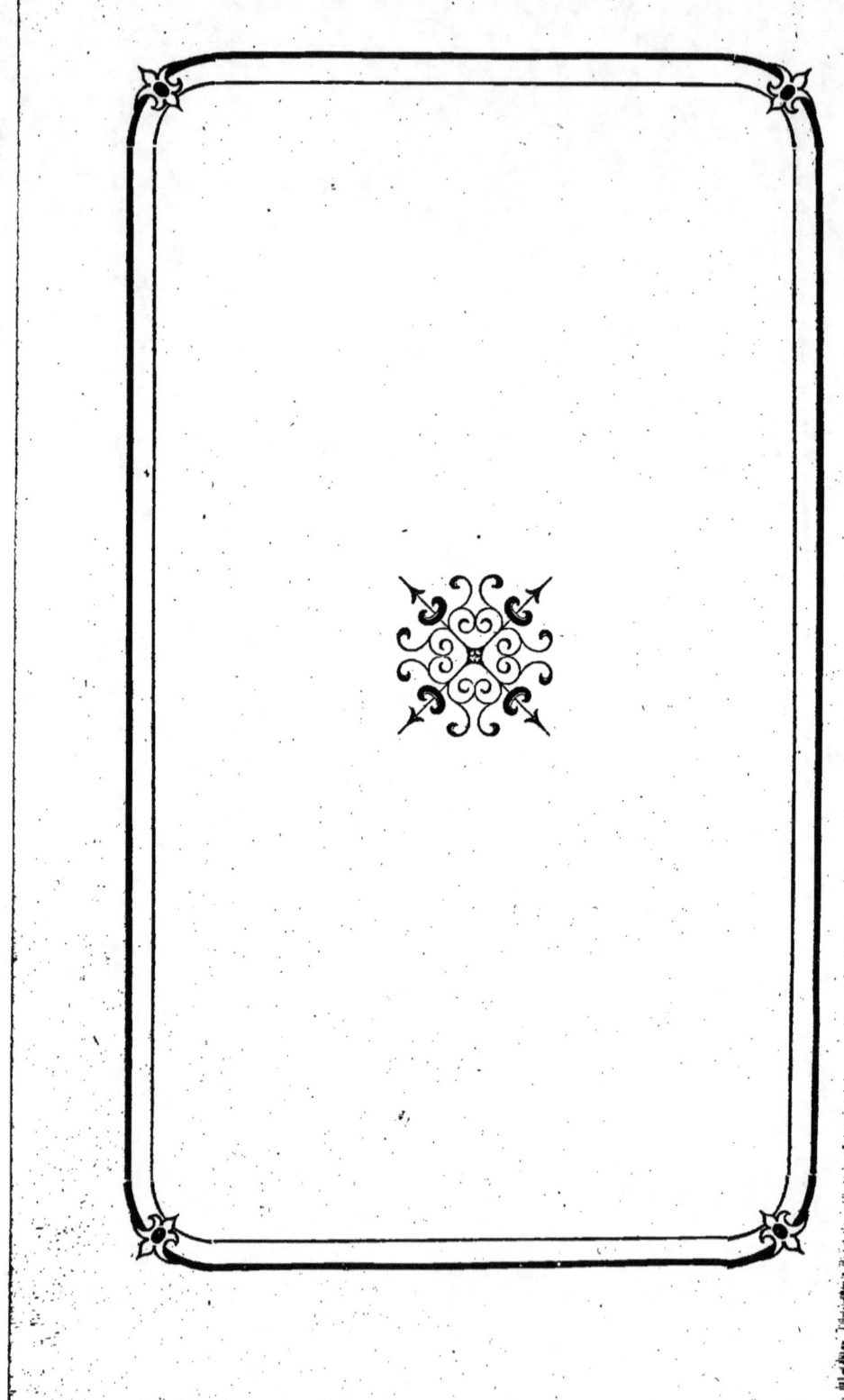

www.ingramcontent.com/pod-product-compliance
Lightning Source LLC
LaVergne TN
LVHW022205080426
835511LV00008B/1577